VIDA DE
São Domingos de Gusmão

Adauto Felisário, OP

VIDA DE

São Domingos de Gusmão

EDITORA
SANTUÁRIO

DIREÇÃO EDITORIAL: Pe. Fábio E. Resende Silva, C.Ss.R.
COORDENAÇÃO EDITORIAL: Ana Lúcia de Castro Leite
COPIDESQUE: Manuela Ruybal
REVISÃO: Luana Galvão
DIAGRAMAÇÃO E CAPA: Mauricio Pereira

**Dados Internacionais de Catalogação na Publicação (CIP)
(Câmara Brasileira do Livro, SP, Brasil)**

Felisário, Adauto.

    Vida de São Domingos de Gusmão / Adauto Felisário. — Aparecida, SP: Editora Santuário, 1993.

    ISBN 85-7200-125-5

    1. Dominicanos – Biografia 2. Domingos, Santo, ca. 1170-1221 I. Título. II Série.

93-0028   CDD - 282.092

Índices para catálogo sistemático:
1. Santos: Igreja Católica: Biografia e obra 282.092

8ª impressão

Todos os direitos reservados à **EDITORA SANTUÁRIO** – 2021

Rua Pe. Claro Monteiro, 342 – 12570-000 – Aparecida-SP
Tel.: 12 3104-2000 – Televendas: 0800 0 16 00 04
www.editorasantuario.com.br
vendas@editorasantuario.com.br

APRESENTAÇÃO

São Domingos de Gusmão, sem dúvida, é um santo extraordinário pela sua própria atualidade, pois seu ideal é compatível a todas as épocas.

Através de quase oito séculos, tem encantado milhares de pessoas no mundo inteiro com seu exemplo de vida fundamentada unicamente no Evangelho.

Arauto do Evangelho, São Domingos se tornou o Santo Pregador da Boa-Nova do Cristo Libertador, que veio para que todos tenham vida e a tenham em abundância (Jo 10,10).

O objetivo desta biografia é dar a conhecer aos seus leitores a personalidade deste grande homem que soube dizer "sim!" a Deus no seu comprometimento com a verdade e no seu exemplo de vida apostólica.

Tenho certeza de que esse opúsculo fará um grande bem a todos que o lerem e que o mesmo entusiasmo dominicano, que vibra no coração do meu amigo e irmão Adauto Felisário, possa também despertar em tantas pessoas a admiração por São Domingos e por seu ideal de amar e viver a Palavra de Deus.

Fraternalmente no Senhor.

Frei Antonio Eduardo Damasceno, OP

Assessor Religioso da Equipe de São Domingos

e Promotor da Família Dominicana no

Vicariato Santa Catarina de Sena

1.

A TERRA DE SÃO DOMINGOS

Nasceu São Domingos na pequenina aldeia de Caleruega, em Castela, província de Burgos, na Espanha.

Caleruega foi fundada pelo bisavô materno de São Domingos, o Sr. Garci Fernandez, no ano 1140. É toda cercada por muralhas de pedras, tendo três portões; no centro, uma grande torre e, junto dela, a igrejinha de São Sebastião, padroeiro do lugar.

Quando se casaram, os pais de São Domingos, Sr. Felix de Gusmão e Dona Joana D'Aza, receberam a aldeia por patrimônio, ostentando também o título de condes e senhores de Caleruega, pequena cidade ao pé de um monte, sobre o qual se localiza o palácio dos Gusmão. A paisagem é linda. Ao longe se avistam as montanhas e, nos arredores, os trigais dourados balançando ao vento.

A característica dos espanhóis é a alegria. São vibrantes, decididos, agitados e otimistas. E assim eram os habitantes da pequena aldeia. Um povo rico de sentimentos e também de religiosidade.

2.
UM SONHO MISTERIOSO

Os pais de São Domingos tinham dois filhos, Antônio e Manés. O primeiro se fez sacerdote, e o segundo mostrava sinais de seguir o mesmo caminho. Isso deixava o casal preocupado, pois desejavam que um de seus filhos viesse a perpetuar a descendência dos Gusmão.

Estando, no entanto, grávida pela terceira vez, Dona Joana D'Aza, ela e seu marido, o Sr. Felix de Gusmão, viam brilhar a esperança de um continuador de sua descendência.

Certa manhã, porém, a condessa acorda nervosa e preocupada. Tivera, durante a noite, um sonho terrível, no qual viu saltar de suas entranhas um cachorrinho branco e preto, trazendo uma tocha de fogo na boca. Qual seria o significado daquele sonho misterioso e tão enigmático? Que sucederia ao seu filhinho tão esperado?

Decidida, parte Dona Joana D'Aza, com o esposo, para o célebre mosteiro beneditino da cidade de Silos, em busca de uma resposta junto ao túmulo do milagroso abade São Domingos de Silos.

Durante nove dias, piedosamente, passa horas rezando junto à sepultura do santo, esperando de Deus uma explicação.

No último dia, aparece-lhe o santo abade numa visão e conforta-a dizendo:

> "Não é preciso ter medo. O filho que trazes no ventre será um grande homem de Deus. Assim como o cão é fiel ao dono, ele será fiel ao Altíssimo e à sua Igreja. Com sua pregação incendiará o mundo no amor e na verdade do Evangelho. Não será segundo a carne a descendência dos Gusmão, mas será no espírito, pois este menino será o fundador e pai de uma numerosíssima família religiosa".

Confortada, volta para casa, agradecendo a Deus tanta misericórdia.

3.

NASCE UMA CRIANÇA

Tendo Afonso VII, rei da Espanha, sido coroado em Burgos, decidiu que sua primeira visita como soberano seria aos condes de Caleruega, Sr. Felix de Gusmão e Dona Joana D'Aza. E assim o fez.

Todas as acomodações do palácio foram ocupadas pela comitiva real, até mesmo os aposentos do casal. Desta maneira, sem outra solução, Dona Joana D'Aza alojou-se no estábulo com uma criada, por ser o único local que lhe permitia um espaço para se acomodar. E foi assim que, na noite do dia 24 de junho do ano 1170, solenidade de São João Batista, nasceu São Domingos de Gusmão.

Pela manhã, sabendo do ocorrido, maravilhados, o rei e a rainha prontificaram-se a batizar o recém-nascido, que recebeu na pia batismal o nome de Domingos, em homenagem ao abade São Domingos de Silos.

Nessa ocasião, conta a tradição que, ao ser derramada a água batismal sobre a cabeça do pequenino, sua madrinha teria visto no reflexo da água, sobre sua fronte, algo como uma pequenina estrela. Um simbolismo bonito demonstrando que São Domingos seria luz e guia para muitos.

Caleruega – Espanha – Terra natal de São Domingos

4.

A INFÂNCIA

A infância de São Domingos transcorreu no convívio de sua família, mas sobretudo na formação que recebeu de sua mãe. Desde pequeno aprendeu as primeiras orações e, assim, quando o sol se punha entre os montes e o sino da igrejinha da aldeia anunciava a hora da "Ave-Maria", ia o pequeno Domingos rezar com sua mãe diante de uma imagenzinha da Virgem Maria. Também foi por intermédio de sua mãe que nosso pequenino conde ouviu as primeiras passagens do Evangelho.

O pequeno Domingos, de pele clara, cabelos loiros levemente ruivos e olhos azuis da cor do céu, era na verdade uma criança muito sensível às coisas de Deus. Tanto assim que, certa vez, ao ouvir sua mãe contar sobre o nascimento do menino Jesus, Domingos, embora tão criança ainda, ficou profundamente impressionado com a pobreza do Filho de Deus. Naquela noite, como era de costume, sua mãe levantou-se para ver se tudo estava bem com seu filhinho, mas, para sua surpresa, Domingos estava dormindo no chão. Perguntado por sua mãe por que tinha feito aquilo, simplesmente respondeu:

— O menino Jesus era pobre, nasceu numa manjedoura, e o meu berço é bonito demais para mim.

Na verdade, seu berço era todo de veludo. Sua mãe o abençoou com os olhos cheios de lágrimas e muita emoção e foi com muito custo que conseguiu convencê-lo a dormir em seu berço.

E assim o tempo foi passando, e Domingos, já com oito anos, precisava aprender a ler, escrever e ter conhecimento de outras matérias: matemática, ciências, geografia e história. Por isso seus pais o enviaram para a aldeia de Gumiel D'Izan, para estudar com seu tio padre, irmão de sua mãe. Ali Domingos ficou por sete anos, até completar o tempo necessário de seus estudos. Depois desse período, retornou ao lar para a alegria de todos.

5.
ESTUDANTE EM PALÊNCIA

Domingos tem agora quinze anos e precisa continuar os estudos. Irá frequentar a Universidade da cidade de Palência.

É com muita tristeza que seus pais veem o momento da partida do filho caçula. Seu pai o chama e diz:

— A nossa biblioteca lhe pertence. Procure nela os livros que lhe poderão ser úteis.

E assim Domingos levou consigo o que de melhor achou entre os livros.

Em Palência, hospeda-se num quarto de pensão onde passou muitas noites em claro, estudando à luz de vela. Era preciso estudar muito. O curso que ele fazia incluía gramática, dialética, aritmética, filosofia, geometria, música, astronomia, ciências humanas e ciências naturais. Não era fácil, mas a esses estudos Domingos se entregou de corpo e alma por seis anos consecutivos.

Domingos, como bom espanhol, trazia sempre a alegria vibrante em seu coração; amava a música; era comum encontrar nosso jovem estudante entre seus amigos universitários, cantando ao som de um instrumento musical, nas escadarias dos monumentos.

Durante a permanência de Domingos em Palência, houve no país uma grande carestia, faltando alimento, e os que eram mais pobres morriam de fome, por não terem com que comprar. Foi nesta ocasião que Domingos, compadecido com a miséria alheia, não hesitou em vender todos os seus preciosos livros para comprar alimentos aos flagelados da fome. Naquela época não existiam livros como os de hoje, impressos no papel. Era tudo escrito à mão, em peles de carneiro. Só mesmo quem era rico podia estudar e ter livros em casa. Seus colegas de universidade ficaram escandalizados com essa atitude de Domingos de desfazer-se de tão preciosos livros. Quando um amigo lhe disse que aquilo era loucura, Domingos respondeu firmemente:

— Não posso estudar sobre peles mortas, enquanto tantos homens morrem de fome.

6.

CÔNEGO EM OSMA

Após ter concluído o curso básico, que também era chamado de trívio ou quadrívio, Domingos dedica-se durante mais quatro anos ao estudo da Teologia.

É ordenado sacerdote aos vinte e cinco anos e recebe o título de Cônego na Catedral da cidade de Osma.

Também consta que Domingos, após ter concluído o curso de Teologia, regeu uma cadeira na Universidade de Palência. Lecionou Sagrada Escritura, na qual veio a receber o título de Mestre.

Como Cônego, vivia Domingos em comunidade com outros sacerdotes e com o bispo de Osma. Ali teve a experiência de uma vida contemplativa. Também foi ali que o jovem padre Domingos começou a se destacar como pregador.

7.

VIAGEM À DINAMARCA

No ano 1203, Afonso VIII, rei de Castela, tendo decidido casar seu filho Fernando com a princesa da Dinamarca, organiza uma embaixada e pede ao bispo Dom Diogo de Azevedo para ir pedir a mão da jovem princesa para seu filho.

O bispo não teve dúvidas em escolher Domingos como seu companheiro de viagem. E assim partiram, e, por diversas vezes, Domingos, no decorrer da caminhada, ia à frente cantando para alegrar a comitiva real.

No entanto, mal atravessaram as montanhas dos Pirineus e, pisaram a terra francesa, caíram na dura realidade de se confrontarem com as heresias que dominavam o Sul da França.

Os hereges eram pessoas com ideais errados a respeito das verdades católicas. Tinham já seitas organizadas e seus seguidores se denominavam albigenses, cátaros, valdenses e outros nomes.

Na cidade francesa de Tolosa (Toulouse), Domingos percebe que o dono da hospedaria, onde se achavam instalados, era um herege convicto. E, para converter esse homem, Domingos passou a noite toda em discussão. O homem mostrava-se duro em suas opiniões, mas, ao surgir o sol pela manhã, o hospedeiro já estava convertido e reconciliado com a Igreja de Cristo. Essa conversão fez nascer no coração de São Domingos o desejo de pregar o Evangelho no meio daquele povo, até ver as heresias desaparecerem. Mas a viagem continuou.

Tendo chegado a comitiva à Dinamarca, o bispo Diogo explica ao rei o motivo de sua ida àquele país, e o rei consente que sua filha se case com o príncipe espanhol.

Iam voltando para a Espanha, quando um emissário do rei da Dinamarca alcança a comitiva espanhola, dando a triste notícia de que a princesa acabara de falecer.

Diante disso, o bispo Diogo ordena que o restante da comitiva volte para a Espanha, enquanto ele e Domingos tomam outro rumo e vão para Roma conversar com o Papa Inocêncio III.

Busto de São Domingos, de Niccolò dell'Arca, na Basílica de São Domingos, em Bologna

8.

CONFRONTO COM AS HERESIAS

Durante as viagens feitas com a embaixada, Domingos descobre qual o verdadeiro sentido de sua missão. Não como Cônego em Osma, mas como missionário e pregador itinerante entre os hereges.

Domingos e o bispo Diogo vão a Roma conversar com o Papa. Dom Diogo pede ao Papa a demissão do cargo de bispo para dedicar-se às pregações. O Papa não aceita o seu pedido porque sabia o quanto ele era útil em Osma.

Na volta à Espanha, Dom Diogo e Domingos passam pelo célebre mosteiro de Cister, na França, onde ficaram hospedados durante alguns dias.

O bispo, impressionado com a vida dos monges, veste o hábito da Ordem Cisterciense, após ter sido bem orientado por eles. Juntamente com Domingos, tomou o caminho de volta para a Espanha.

Na cidade de Montpellieu, encontram-se com doze abades nomeados pelo Papa para estudarem um meio de converter os hereges do Sul da França. Os hereges tinham argumentos e acusavam a vida confortável de muitos padres e bispos.

O bispo Diogo viu que era preciso agir de outra maneira. Por isso, com os demais, desfez-se de tudo, ficando apenas com alguns livros. Nesta data

Domingos passou a chamar-se frei Domingos, pois "frei" quer dizer "irmão".

Assim o grupo de missionários se empenhou nas pregações.

Numa noite, reunidos, os hereges desafiaram frei Domingos:

— Lance seu livro no fogo. Se não queimar, aceitaremos a doutrina que nos propõe!

Domingos jogou o livro por três vezes ao fogo, mas o livro saltava fora sem um mínimo de queimado.

Numa outra ocasião aconteceu algo igual, só que, após o livro de Domingos saltar três vezes para fora do fogo, um dos hereges também jogou seu livro com as doutrinas heréticas e o fogo o queimou inteirinho, em segundos, na presença de uma enorme multidão. Vendo esses prodígios, muitos se converteram, mas aqueles de coração duro permaneceram contra e repletos de ódio para com os servos de Deus.

9.

A MISSÃO DE DOMINGOS

Diante de tão pouco sucesso no trabalho de evangelização, o pequeno grupo de missionários, pouco a pouco, foi se retirando. Até mesmo o bispo Diogo, que voltou para a Espanha, onde veio a falecer poucos dias após sua chegada.

Domingos ficou sozinho no Sul da França, no meio dos hereges, com o único objetivo de convertê-los, anunciando-lhes o Evangelho. Viu que era ali o seu campo de missão: pregar a Palavra de Deus para conseguir mostrar a eles a verdade e reconduzir aquele povo ao caminho que leva a Jesus Cristo.

Durante a noite, Domingos passava muitas horas em oração. De dia, entregava-se à pregação.

Embora fosse filho de condes, desfez-se de tudo o que possuía para viver na íntegra a pobreza evangélica. Só tinha o seu vestuário religioso, os textos do Evangelho de São Mateus, as Epístolas de São Paulo e nada mais. Nem mesmo calçados possuía, pois passou a andar descalço e, para comer, esmolava. Domingos se fez tão pobre que nunca mais teve uma casa para dormir. Seu teto era o mundo. Levou a sério a pobreza de Cristo. "As raposas têm tocas e as aves do céu têm ninhos, mas o Filho do Homem não tem onde reclinar a cabeça" (Mt 8,20).

A Santíssima Virgem entrega o rosário
a São Domingos de Gusmão

10.

SÃO DOMINGOS E O ROSÁRIO

Caminhava São Domingos de cidade em cidade pregando. Muitas vezes chegou a caminhar quilômetros num só dia. Aconteciam muitas conversões, mas os hereges continuavam duros em suas decisões.

Diante de tão pouco progresso em suas caminhadas, um dia se achava Domingos um tanto triste, sentado num campo verde, fora da cidade. Ali, sozinho, Domingos recebeu de Nossa Senhora o maior tesouro, que ficou também como herança para todos os católicos fervorosos: o Rosário.

Assim lhe disse a Santíssima Virgem:

> — Domingos, meu filho, lembra-te de que foi por meio da Ave-Maria, pronunciada pelo anjo São Gabriel, que a "Salvação" entrou no mundo, no momento que, por obra do Espírito Santo, Jesus Cristo se encarnou. Pela Ave-Maria você vai conseguir o êxito de sua missão.

Domingos refletiu muito: já que foi pela "Ave--Maria" que a "Salvação" entrou no mundo, seria pela "Ave-Maria" que ele haveria de conseguir converter os homens a Deus.

Assim foi que São Domingos organizou o Rosário, um cordãozinho com continhas em que se pudesse rezar "Pai-nosso" e "Ave-Marias". Também pelo fato da grande maioria do povo não saber ler, o Rosário passou a ser um meio de o povo rezar o Evangelho nas palavras das Ave-Marias e dos Pai-nossos. São Domingos deu o nome de Rosário a este cordãozinho com continhas porque rezá-lo era como oferecer muitas rosas a Nossa Senhora.

São Domingos começou a rezar o Rosário diariamente e com efeito começaram a acontecer inumeráveis conversões em cada uma das suas pregações, e foram milhares.

Por onde passava ensinava os convertidos a rezar o Rosário, uma maneira de perseverarem na fé.

Frei Alano de La Roche, frade dominicano, seguidor de São Domingos, foi quem, alguns anos mais tarde, dividiu e organizou os quinze mistérios do Rosário. Nossa Senhora abençoou esse método de oração e passou a ser chamada também de Nossa Senhora do Rosário, prometendo muitas graças e bênçãos a quem o rezasse constantemente.

11.

UMA VISÃO

No alto de uma colina francesa de Fanjeaux, no fim da tarde do dia 22 de julho de 1206, cansado, estava São Domingos sentado na relva, contemplando a imensa planície de trigais e lá no fundo as montanhas. Bem no meio da planície estava o pequenino povoado de Prouille, e lá estava o seu olhar sobre a pequena igreja pobre e abandonada, onde gostava muito de ir rezar aos pés da imagem de Nossa Senhora, padroeira do lugarejo.

Domingos pôs-se a rezar ali mesmo onde se achava e de repente olha deslumbrado algo inexplicável que acabava de acontecer. Um globo de fogo desceu do céu e ficou parado sobre a igrejinha abandonada de Prouille.

Domingos não era ingênuo, por isso interrogou a si mesmo se tinha sido vítima de uma ilusão. Para certificar-se da veracidade daquele fato, voltou as duas tardes seguintes, e o mesmo fenômeno se repetiu.

Não teve dúvidas quanto aos desígnios de Deus. Seria ali na igrejinha abandonada que deveria ser o ponto de partida do seu apostolado.

Na tarde seguinte, foi Domingos pregar na igreja de Fanjeaux. Seu sermão converteu nove senhoras hereges da alta sociedade. Pediram elas uma reunião com São Domingos, para exporem que reconheciam os erros das heresias que até então tinham vivido e pediram a ele que as ajudasse a viver a verdadeira fé. São Domingos calou-se um pouco e depois disse:

— Deus vai mostrar a quem até agora vocês estavam servindo.

No mesmo instante, bem no meio da sala, apareceu um grande gato de olhos enormes, iguais aos de um boi, com um rabo bem grosso.

As mulheres ficaram em pânico, mas São Domingos ordenou-lhe que fosse embora e ele fugiu pela corda do sino da igreja.

Com este fato, as mulheres caíram na realidade e converteram-se convictamente.

Domingos contou-lhes sua visão do globo de fogo em Prouille e as nove convertidas prontificaram-se a ajudá-lo nessa obra.

Tendo a autorização do bispo de Tolosa para iniciar uma Ordem Religiosa, Domingos teve de enfrentar uma senhora castelã a quem pertencia a igrejinha de Prouille. Ela era herege e isto era empecilho, mas ele foi falar com ela. O que conversaram não sabemos, mas o fato é que ela se converteu, atendeu ao pedido de Domingos, tornou-se sua grande amiga e benfeitora e mais tarde também entrou para a Ordem.

AS MONJAS

No dia 22 de novembro do mesmo ano de 1206, Domingos teve a grande alegria de receber, em seu pequeno convento de Prouille, as nove filhas por ele convertidas, com mais duas jovens.

No dia 27 de dezembro, na festividade de São João Apóstolo, Domingos revestia suas filhas com o hábito branco e preto. O branco seria a pureza e o preto, a penitência.

As novas irmãs passaram a viver uma vida santa em busca da perfeição. Trabalhavam, oravam, praticavam caridade e instruíam na fé aos que as procuravam.

Esse pequeno grupo de monjas foram as primeiras colaboradoras de São Domingos para que se conseguissem mais conversões dos hereges. Uma Ordem de monjas foi a primeira fundação realizada por São Domingos.

13.

O PROJETO DE SÃO DOMINGOS

Na época de São Domingos, a Igreja Católica passava por uma fase difícil. Os padres não eram muito estudados e, por isso, não tinham autorização para pregar o Evangelho. Somente os bispos tinham grande saber. Os monges estudavam muito, mas viviam isolados, numa vida de estudo e oração; por isso eram chamados de contemplativos. São Domingos tinha vivido a experiência da contemplação quando era Cônego em Osma, na Espanha, mas, pelo seu próprio caráter de espanhol, era um homem cheio de ação e decisão. O povo espanhol é um povo decidido, ágil, por isso é que se diz que eles têm "fogo no sangue". E São Domingos era assim, um homem de ação.

Mas ele sabia que ninguém pode oferecer o que não tem, por isso frei Domingos pensou numa ordem religiosa semelhante à vida dos apóstolos, uma vida de "Contemplação e Ação", ou seja, seus frades haveriam de estudar muito para poderem ensinar as verdades do Evangelho, dedicando-se também à oração, que é o alimento do Espírito. Tudo o que fosse colhido no estudo e na oração seria transformado em "AÇÃO", isto é, levado aos homens por meio da pregação da Palavra de Deus. E como não se pode ensinar o que não se sabe, os seguidores de São Domingos haveriam então de ensinar a Verdade aos homens e livrá-los da heresia e dos erros da ignorância religiosa.

E foi assim que São Domingos idealizou e fundou sua ordem religiosa, na pequenina igreja de Nossa Senhora de Prouille.

14.

OS FRADES PREGADORES

No começo foram dois, seis, dez, vinte e depois uma legião de seguidores. São Domingos organizou sua Ordem e, após receber os primeiros colaboradores oficialmente em sua nova comunidade, enviou-os dois a dois, para lugares diferentes, porém destinados às universidades mais famosas da Europa, para estudarem e começarem suas missões.

Uma pessoa, impressionada com essa atitude de São Domingos, falou-lhe:

— Mas, frei Domingos, é uma loucura enviar esses frades dois a dois assim pelo mundo.

São Domingos respondeu calmamente:

— "O trigo amontoado apodrece, mas, se a semente cai na terra, germina, cresce e dá fruto".

São Domingos não errou, porque antes de sua morte sua ordem contava com sessenta conventos espalhados por quase todas as nações da Europa.

E foi o Papa Inocêncio III que, empolgado com o trabalho de São Domingos e de seus frades pregadores do Evangelho, batizou a nova ordem religiosa como Ordem dos Frades Pregadores.

15.

UMA ORDEM DE LEIGOS

São Domingos continuava suas inúmeras viagens como missionário pregador da Palavra de Deus. Em suas reflexões, descobriu que o trabalho apostólico dos Frades Pregadores, por mais eficiente que fosse, tinha um limite, por isso ele pensou nos leigos. Pessoas que, embora vivendo no mundo, unidos no mesmo ideal de sua ordem, pudessem continuar a obra dos frades. Que fossem missionários pregadores no seu ambiente, no seu dia a dia.

Assim São Domingos fundou o terceiro ramo de sua Ordem, exclusivamente para aqueles que não iriam morar em conventos, mas seriam "pregadores" leigos no mundo, morando em suas próprias casas.

Ele já trabalhava com os leigos e tinha entre eles inúmeros colaboradores. Como foi o caso de Pedro Sheila e outros. São Domingos, em sua época, já tinha em mente a missão e o trabalho do leigo na Igreja de Jesus Cristo, por isso ele os valorizou e considerava tão importante e eficaz o seu apostolado, que chamou os leigos de sua Ordem de "Milícia de Cristo" (Milicia Christi).

São Domingos ressuscita um menino

16.

O FILHO DA VIÚVA ──────

Dona Tuta, uma viúva de Roma, tinha grande admiração pelas pregações de São Domingos. Certa ocasião, quando São Domingos pregava na igreja de São Marcos, seu filho encontrava-se muito enfermo. Deixando o filho por um espaço de tempo, foi Dona Tuta à igreja para ouvir São Domingos. Quando voltou, encontrou seu filho morto. Desesperada e aflita, Dona Tuta tomou-o nos braços, foi até a igreja onde estava São Domingos e implorou-lhe:

— Frei Domingos, o senhor é um servo de Deus, um homem bom. Se o senhor rogar a Deus pelo meu filho, certamente ele vai ouvi-lo.

São Domingos compadeceu-se da dor daquela pobre mãe e, ficando em silêncio por uns instantes, traçou o sinal da cruz sobre a testa do menino, que levantou vivo, e o entregou à sua mãe, pedindo que Dona Tuta não contasse nada a ninguém. Mas o fato espalhou-se a ponto de cair nos ouvidos do Papa, e este, maravilhado, pediu que São Domingos o testemunhasse publicamente.

Humilde como era, respondeu que se fosse tentado de novo a ter de falar nisso, iria embora para o outro lado do mar, entre os sarracenos, e nunca mais voltaria àquele lugar. Respeitando a decisão de São Domingos, o Papa não insistiu mais.

No entanto, esse milagre da ressurreição do menino foi testemunhado por várias pessoas, entre elas: frei Tancredo, frei Alberto, frei Odon, frei Henrique, frei Gregório e outras pessoas.

A devoção a São Domingos começou em vida, porque, quando entrava numa cidade, eram muitos os que corriam atrás dele com uma tesoura para cortar-lhe um pedacinho de roupa para usar como relíquia. Repreendidos pelos frades que acompanhavam o santo, São Domingos dizia-lhes:

— Deixem que eles venham, meus filhos, e saciem o seu fervor, que não se importem se isto lhes satisfaz a devoção.

17.
A CONVERSÃO DE UM HEREGE

São Domingos, certa vez, precisava ir a uma cidade pregar. Como não sabia o caminho, pediu informação a um cavalheiro que, sob boa aparência, era um terrível herege. O mau homem, para castigar São Domingos, levou-o por um caminho mais longo e pedregoso. E, enquanto caminhava, os pés descalços de São Domingos iam se ferindo nas pedras, a ponto de sangrar e doer muito. Continuou a caminhar ao lado do cavalheiro herege, conversando como se nada estivesse acontecendo. O herege foi tomado de arrependimento e contou a sua má intenção ao santo, que lhe perdoou e conseguiu a sua conversão.

A DONA DA HOSPEDARIA

Nas terras da Lombardia, chegou São Domingos certa vez com alguns frades ao cair da tarde. Viajavam a pé, tinham fome e resolveram comer numa hospedaria.

A dona da hospedaria veio servir-lhes carne. São Domingos agradeceu, mas disse que, por causa das penitências, pão e vinho bastavam-lhes. A mulher zangou-se e começou a falar palavras pesadas contra eles. São Domingos tentou acalmá-la, mas ela exaltou-se mais, a ponto de mostrar-lhes a porta.

São Domingos levantou-se, convidando seus frades a se retirarem com ele, e disse calmamente à mulher:

— Minha filha, como não sabe receber com caridade os que vêm em nome de Deus, rogo ao mesmo Senhor a quem sirvo que lhe imponha silêncio.

Ao acabar de pronunciar essas palavras, a mulher ficou totalmente muda.

Meses passaram-se, e, quando São Domingos voltou àquela região, uma humilde mulher caiu de joelhos aos seus pés, em lágrimas. Pondo ele as mãos sobre sua fronte, e após traçar-lhe o sinal da cruz na testa, ela começou a falar. E aí lhe disse:

— Que sua língua sirva, de agora em diante, para a glória de Deus.

Mas ela já era uma pessoa humilde e convertida.

19.

O SOBRINHO DO CARDEAL

Estava certa vez São Domingos realizando um trabalho entre as monjas no mosteiro de São Sixto, em companhia de alguns cardeais, quando um homem entrou porta a dentro gritando:

— Ai! Ai!

Perguntado sobre o que havia acontecido, respondeu:

— Napoleão, sobrinho do cardeal Dom Estêvão, caiu do cavalo e morreu.

Esse cardeal estava ali no mosteiro e ao ouvir essa notícia se reclinou sobre São Domingos. Os demais correram para segurá-lo. São Domingos tomou água benta, aspergiu sobre ele e correu para o local onde se encontrava o cadáver do jovem Napoleão. Chegando ao lugar, solicitou que trouxessem o corpo do moço para uma casa nas proximidades e pediu que só ficassem ali os familiares do morto, os cardeais e as monjas. Então pediu a frei Tancredo que preparasse tudo e começou a celebrar uma missa. No momento que elevou o corpo de Cristo, para o espanto de todos, ele se deslocou do chão e ficou numa boa altura, sem pisar o chão.

Quando terminou a missa, na presença de todos, tocou em todo o corpo do morto, desde a cabeça até os pés. Fez isso por três vezes, depois colocou-se em oração. Em seguida, levantando-se, traçou o sinal da cruz na testa do cadáver, dizendo:

— Jovem Napoleão, em nome de Nosso Senhor Jesus Cristo, eu ordeno que levantes.

No mesmo instante o morto se levantou vivo, curado dos ferimentos, e disse a São Domingos:

— Meu pai, dá-me de comer.

São Domingos o levou à cozinha e deu-lhe de comer. O corpo de Napoleão havia ficado inerte desde a manhã, quando ele morreu, até às três da tarde, quando São Domingos milagrosamente lhe devolveu a vida.

20.

OS ANJOS SERVEM OS FRADES

A confiança que São Domingos depositava na Providência Divina era verdadeiramente impressionante. Ele se entregava totalmente nas mãos de Deus.

Ocorreu que, certa vez, a despensa do convento estava totalmente vazia e dentro de poucas horas seria o jantar. Frei Alberto de Roma e frei João da Calábria, responsáveis pela cozinha, ficaram desesperados. Os frades já viviam em constantes jejuns, uns estudando muito e outros chegando das incansáveis pregações.

A solução foi sair a esmolar pelas ruas. Mas, após algumas horas, nada tinham a não ser um pão que uma mulher generosamente lhes dera. Mal andaram um trecho de rua, um mendigo lhes pediu algo para comer. Os dois olharam um para o outro e entregaram o pão ao mendigo.

— Amigo, é só o que temos, porque também vivemos da caridade alheia!

Chegaram ao convento com as mãos vazias e encontraram São Domingos sorrindo, feliz e satisfeito. O santo os abraçou e, antes que lhe contassem o ocorrido, disse-lhes:

— Meus filhos, fizeram muito bem.

E eles lhe disseram:

— Pai, nada temos para comer.

— Meus filhos, toquem agora o sino para o jantar! Façam o que lhes pedi, porque Deus haverá de nos prover do necessário.

São Domingos elevou as mãos aos céus e começou a rezar confiante o Pai-nosso. Ao terminar a oração, entraram no refeitório dois jovens com vestes brancas, trazendo duas cestas cheias de pães e puseram-se a servir os frades. Ao passarem diante de São Domingos, serviram-lhe um pão e o saudaram. Inclinando a cabeça, desapareceram.

Os frades, assustados, não tinham coragem de tocar as mãos nos pães. São Domingos então, sorrindo, disse-lhes:

— Comam, meus filhos, o pão que o Senhor nos mandou.

Em lembrança a esse maravilhoso milagre, nos conventos dos dominicanos, o pão é sempre servido por dois noviços.

21.
O DOM DAS LÍNGUAS

Encontrava-se São Domingos na cidade de Tolosa, num findar do mês de maio. Convidou então o frei Bertrando de Carringua para acompanhá-lo em uma viagem a Paris, onde passariam pelo Santuário de Rocamadour, para venerarem Nossa Senhora.

Frei Bertrando ficou com o querido pai Domingos e, assim, os dois empreenderam viagem. Em Rocamadour, passaram a noite em oração aos pés de Nossa Senhora.

A primavera já floria em toda a Europa, e a França, por onde passaram os dois peregrinos, era um cenário de beleza incrível. O verde nos prados, com a imensidão das diferentes cores das flores, contrastava com o perfume e o azul do céu. Amante da natureza, São Domingos extasiava-se diante das maravilhas de Deus e, neste clima de alegria, com frei Bertrando, ia cantando, a duas vozes, salmos, hinos e a ladainha.

Ao cruzarem com um grupo de peregrinos alemães, que seguiam para o Santuário de Chartres, estes ficaram maravilhados com a alegria dos dois frades.

Os alemães seguiam o mesmo caminho e, mesmo sem entenderem a língua uns dos outros, viajaram juntos e repartiam suas refeições com os dois frades.

Assim, caminharam por quatro dias.

Quando se aproximaram do local onde os dois frades deveriam despedir-se da família para seguirem seu destino, falou São Domingos a frei Bertrando:

— Frei Bertrando, não é justo que esta família tenha dividido conosco o próprio alimento e nós nada lhe demos em troca. Rezemos, pois, a Deus para que possamos nos expressar em alemão e assim falar de Jesus a esta família.

Puseram-se em oração e ganharam o dom das línguas, pois os alemães entenderam e ficaram felizes, recomendando-se às orações dos dois frades. E foi com tristeza que tiveram de se despedir. São Domingos era assim, quem o conhecia jamais podia esquecê-lo.

O verdadeiro retrato de São Domingos, Reconstrução científica dos Prof. Frassetto e C. Pini (1946)

DOMINGOS ENCONTRA FRANCISCO

Estava São Domingos em Roma, certa vez, durante as causas da aprovação de sua Ordem, quando à noite rezava numa igreja. Ele teve uma visão magnífica, na qual viu Jesus Cristo, tendo nas mãos uma lança de três gumes, sentenciando:

— Destruirei os gananciosos e os que vivem afogados nos prazeres carnais.

São Domingos ergueu as mãos em súplica, pedindo misericórdia pelos pecadores. Neste momento, viu aproximar-se Nossa Senhora, linda, com o olhar doce e cheio de paz.

— Não, meu filho! Ainda não, pois lá na terra dois servos meus lutam incansavelmente por sua causa. Eu ajudarei a ambos, e haveremos de transformar todo o mal em bem.

Nossa Senhora mostrou então dois frades. O primeiro vestido de branco com uma capa preta. São Domingos se reconheceu nele, mas o outro nunca tinha visto.

No entanto, ao cair da tarde do dia seguinte, São Domingos entrou numa das igrejas de Roma para rezar. Era um silêncio incrível e os raios do sol penetravam pelos vitrais coloridos da igreja dando brilho e uma paz celestial. Envolvido por toda aquela mística ambiental, caminhava São Domingos pela igreja quando seu olhar se deteve em um homem que rezava humildemente e todo recolhido em si.

Franzino, descalço, vestido com um hábito meio marrom, de tecido grosseiro, tendo um cordão de nós preso à cintura.

— Meu Deus, ali está o meu irmão de luta, o frade que me apareceu na visão!

Assim se expressou São Domingos, que correu para aquele misterioso mendigo, chamando-o. Fez que se levantasse e o apertou calorosamente num abraço sobre seu coração. Esse mendigo era São Francisco de Assis. Ficaram tão amigos que pensaram até em unir as duas Ordens fundadas por ambos. Porém, pelo fato de os carismas serem diferentes, isso não foi possível. O estudo dos dominicanos deveria destruir a ignorância religiosa do clero e do povo, e a pobreza dos franciscanos deveria ser exemplo para o clero e o povo que estavam por demais apegados aos bens materiais.

Os dois santos de amigos se fizeram irmãos, uma amizade linda que se conserva até nos dias de hoje entre dominicanos e franciscanos, que expressam esse carinho considerando-se "primos" uns dos outros.

São Domingos de Gusmão e São Francisco de Assis foram, na mesma época, duas grandes colunas da Igreja, dois santos muito importantes, que transformaram uma situação com seus ideais e exemplos de vida.

MISSIONÁRIO E PEREGRINO

Sem exagero algum, podemos afirmar que São Domingos percorreu quase toda a Europa a pé.

Missões incansáveis de pregador da Palavra de Deus. Aqui rememoramos com carinho a linda humildade de um homem santo que se considerava um grande pecador. Por isso, antes de entrar numa cidade onde ia pregar, costumava rezar assim:

> "Ó meu Deus, suplico-te que não olhes para os meus pecados, neste momento em que estou para entrar nesta cidade: não lances tua cólera sobre os que aqui habitam nem te afastes deles por causa dos meus pecados".

Quando São Domingos chegava a uma cidade e a igreja já se encontrava fechada, ia ele até a porta e por alguma fresta saudava Jesus no Sacrário.

Também era típico dele, ao entrar na cidade, bater a mão no peito dizendo: "Senhor, eu não sou digno". Dizia isto também após receber um pedaço de pão que ele próprio mendigara.

O desapego de São Domingos era muito grande. Seu ideal missionário de nunca se acomodar, mas estar sempre pregando o Evangelho, fez que ele nunca tivesse um quarto próprio e uma cama para dormir. Cansado, dormia em qualquer lugar: aos pés do altar, num banco ou no chão duro.

Se chegasse cansado e doente das missões, ia até a casa de alguma família amiga das cidades que percorria. No entanto, embora fosse enorme a alegria de tê-lo no convívio, nunca conseguiam fazê-lo comer muito e, por mais que lhe dessem o melhor quarto e cama macia, ele acabava dormindo no chão ou no estrado da cama.

Só mesmo uma graça especial de Deus fazia que esse homem tivesse tanta energia para trabalhar pelo Reino de Deus.

Parecendo um mendigo, descalço, bordão na mão e mochila nas costas, lá estava sempre aquele frade, vestido de branco e capa negra nas costas. Caminhando por estradas, colinas, montanhas e desfiladeiros, sozinho, empunhando seu rosário, balbuciando Pai-nossos e Ave-Marias, São Domingos só tinha um objetivo: pregar. Orando, ele falava com Deus e na pregação falava de Deus aos homens.

24.

SÃO DOMINGOS E NOSSA SENHORA

Vimos a Ordem religiosa que São Domingos fundou, sob o olhar de Nossa Senhora, na pequenina igreja de Prouille. Uma Ordem totalmente entregue à proteção da Santíssima Virgem. Também foi ela quem entregou o Rosário a São Domingos. O escapulário, uma peça de pano que os dominicanos usam, também foi Nossa Senhora quem introduziu na Ordem por intermédio do Beato Reginaldo de Orleans, numa visão que ele e São Domingos tiveram na mesma ocasião.

Por mais de uma vez, São Domingos teve visões nas quais via a Mãe Celeste dando provas de seu amor e proteção à sua Ordem.

Uma das célebres visões de São Domingos foi quando ele, numa noite, estando em Roma, na capela do mosteiro de Santa Sabina, viu um clarão de luz deslumbrante e Jesus Cristo todo glorificado, que foi lhe mostrando o céu. Nesta visão, viu São Domingos religiosos de todas as Ordens, totalmente glorificados, a passearem no paraíso, mas não viu sequer um dominicano entre eles.

Amargurado e triste, São Domingos pôs-se a chorar e, entre soluços, perguntou:

— Meus filhos, Senhor? Onde estão os meus filhos? Quantos deles já partiram para a vossa eterna morada antes de mim e eu não vejo nenhum no céu?

Jesus sorriu e, olhando para Nossa Senhora, que estava ali bem próxima, disse-lhe:

— Domingos, teus filhos eu confiei à minha Mãe. Sorrindo, Nossa Senhora abriu o manto com as duas mãos e sob ele uma multidão enorme de dominicanos e dominicanas sumia na imensidão.

São Domingos quase morreu de felicidade e, voltando do êxtase maravilhoso, correu a tocar o sino do convento, embora não fosse ainda hora de se levantar.

Reuniu todos os frades na sala e entre risos e lágrimas contou a linda visão que tivera e, muito comovido, falou do amor e da misericórdia de Nossa Senhora para com a Ordem dos Frades Pregadores.

VISÃO DO PAPA

O Papa Inocêncio III governava a Igreja na época em que São Domingos procurava a aprovação de sua Ordem. O Papa, no entanto, mostrava-se um tanto receoso diante dos propósitos de São Domingos.

Entregando-se à oração, pediu São Domingos que a Divina Providência inspirasse o Santo Padre para conhecer seus justos objetivos.

Pessoas dignas de confiança ouviram do próprio Papa a revelação de um sonho que tivera, no qual via a Igreja de Latrão pronta a ruir e desabar toda, e nisto São Domingos corria para o lugar e, encostando-se nela, escorava-a, evitando que viesse a desabar.

Admirado com tal sonho e sabendo o que ele significava, sem problema algum, aprovou os projetos de São Domingos.

O TRÂNSITO

Corria o mês de julho do ano 1221, quando São Domingos empreendeu uma viagem a Veneza para conversar com seu amigo, Cardeal Hugolino, a respeito de fortalecer e expandir as missões pela Lombardia.

De regresso, ao chegar ao convento de Bolonha, sentiu-se fraco e com febre. Pouco a pouco aquele estado foi piorando e começou a consumir suas forças. Fraco, o grande missionário de Deus, após inúmeras caminhadas quilométricas pela Europa toda, pregando a Palavra de Deus, sentiu que estava próxima a sua partida para a vida eterna. Mandou chamar os noviços, aconselhou-os, falou-lhes de Deus.

Vendo que seu estado se agravava, os frades resolveram levá-lo para o convento de Santa Maria do Monte, dos monges beneditinos.

Mas o corpo do santo homem de Deus debilitava-se muito rapidamente.

Ao clarear o dia 6 de agosto, chamou frei Ventura e mais uns vinte frades. Aconselhou-os, falou da perseverança, da responsabilidade e do carinho com que deveriam amar a Ordem.

Neste momento, deixou um testamento que ele mesmo falou aos frades:

— Tenham caridade, preservem a humildade e abracem a pobreza voluntária.

Fez então uma confissão diante de doze padres e, depois de tê-la feito, comentou coisas pessoais:

— A misericórdia divina até o presente momento conservou incorrupta a minha carne.

De repente, São Domingos segredou a frei Ventura:

— Creio que fiz mal em falar da minha virgindade perante os frades. Eu não deveria ter feito isso.

No entanto, São Domingos, fazendo de sua vida um livro aberto, contou aos seus frades coisas que para ele seriam como fraquezas humanas.

— Deus conservou-me puro, contudo não consegui evitar uma fraqueza, que eu considero imperfeição. Foi o fato de preferir sempre a conversa com mulheres novas, mais do que com as de mais idade.

O monge guardião daquela igreja declarou que, caso São Domingos viesse a falecer, não deixaria que levassem seu corpo. Frei Ventura explicou isso a São Domingos que, preocupado, respondeu:

— Que Deus não permita isso, pois quero ser sepultado debaixo dos pés de meus frades. Levem-me daqui, mesmo que eu morra no caminho e que vocês possam sepultar-me em nossa igreja.

E, cuidadosamente, levaram-no para o convento de São Nicolau de Bolonha. Desde que se desfez de tudo, nunca mais São Domingos teve uma casa para morar. Seu teto era o mundo! E como São Domingos não tinha um quarto próprio, conduziram-no para o quartinho do Mestre Moneta.

São Domingos, deitado, agonizava. Seus filhos, os frades pregadores, estavam desolados e muitos choravam. São Domingos os consolou dizendo:

— Não chorem, porque depois da morte eu lhes serei mais útil. Lá do céu eu ajudarei vocês com minhas preces.

Os frades se prepararam para uma encomendação, mas São Domingos disse não ser ainda a hora, e tudo se transformou em silêncio.

O silêncio foi quebrado pelo pranto de frei Ventura, que disse soluçando:

— Pai, tu nos deixas desamparados e muito tristes. Quando estiveres diante do Senhor, lembra-te de nós e pede por nós.

Tendo ouvido essas palavras, São Domingos levantou as mãos e rezou:

— Pai Santo, sabeis que, de todo coração, perseverei na vossa santíssima vontade e que guardei aqueles que me destes. Eu os encomendo a vós. Preservai-os e protegei-os.

Frei Rodolfo, de joelhos, limpou-lhe o suor do rosto.

— Comecem agora! — disse São Domingos.

E a comunidade começou a rezar e, quando pronunciaram as palavras: "Vinde, Santos de Deus. Correi, anjos do Senhor. Recebei a sua alma e apresentai-a ante a face do Altíssimo", São Domingos faleceu suavemente no Senhor. Eram exatamente dezoito horas do dia 6 de agosto de 1221.

27.

A GLÓRIA

O cardeal Hugolino, que era muito amigo de São Domingos, sentiu profundamente a sua morte. Porém, doze anos mais tarde, já como papa, com o nome de Gregório IX, teve a alegria de poder canonizar seu amigo muito querido, frei Domingos, como SÃO DOMINGOS DE GUSMÃO.

Após a morte de São Domingos, começaram as visitas de fiéis ao seu túmulo, os quais rezavam noite e dia, e muitos se diziam curados.

Doze anos se passaram, e os frades, querendo preparar-lhe um sepulcro mais digno, resolveram pedir licença ao Papa para transladarem os restos mortais de São Domingos. O Papa não só autorizou como também repreendeu severamente os frades por não terem tratado ao tão grande Pai com as honras que ele merecia, dizendo ao mesmo tempo palavras vindas do fundo do coração:

— Nele encontrei um homem que realizava perfeitamente a regra de vida dos apóstolos; não duvido que no céu esteja associado à sua glória.

O túmulo foi aberto e imediatamente começou a exalar um perfume inexplicavelmente maravilhoso. Ao abrir o ataúde, o perfume se tornou mais forte ainda. Todos se emocionaram, choraram, prostraram-se por terra e louvaram a Deus.

Nessa ocasião muitos milagres aconteceram pela intercessão de São Domingos.

Começou também o processo de canonização e, assim, o cardeal Hugolino teve a grande alegria de, em julho de 1234, canonizar frei Domingos e inscrevê-lo no catálogo dos santos com o nome de São Domingos de Gusmão, cuja festa celebramos todo dia 8 de agosto.

CONCLUSÃO

São Domingos foi um santo revolucionário. Fundador de uma Ordem Religiosa, missionário, pregador itinerante, santo do Rosário e taumaturgo.

Foi ele quem baniu a ignorância do clero, dando exemplos de que os padres precisavam ter estudos e formação para poderem pregar o Evangelho; e ainda, numa época em que as mulheres eram vistas como objeto de pecado, ele as valorizou fundando com elas o primeiro ramo de sua Ordem. Com o terceiro ramo da Ordem, valorizou o trabalho do leigo na Igreja.

São Domingos foi um revolucionário em sua época e um profeta para os dias de hoje. Sua visão a respeito da missão da Igreja era além de seu tempo, direcionada para o futuro. Como disse frei Las Flores, São Domingos viveu em seu ideal a antecipação do Concílio Vaticano II. Por isso São Domingos é um santo para os dias de hoje.

DEVOCIONÁRIO

Ó São Domingos, zeloso pregador do Evangelho, que sempre foste sensível diante das misérias alheias, estende até nós a promessa, que fizeste aos que choravam a tua derradeira partida, de ajudar-nos lá dos céus com as tuas preces.

Ó Deus, que fizestes resplandecer a vossa Igreja com a obra e a pregação de vosso servo São Domingos, concedei a todos os homens os bens necessários para viverem dignamente, mas sobretudo a abundância de bens espirituais.

Por nosso Senhor Jesus Cristo, vosso Filho, que convosco vive e reina na unidade do Espírito Santo. Amém.

1 Pai-nosso, 1 Ave-Maria e 1 Glória.

São Domingos, rogai por nós!

Para que sejamos dignos das promessas de Cristo. Amém.

ÍNDICE

Apresentação 5

1. A terra de São Domingos 7

2. Um sonho misterioso 8

3. Nasce uma criança 10

4. A infância 12

5. Estudante em Palência 14

6. Cônego em Osma 16

7. Viagem à Dinamarca 17

8. Confronto com as heresias 20

9. A missão de Domingos 22

10. São Domingos e o Rosário 24

11. Uma visão 26

12. As monjas 28

13. O projeto de São Domingos 29

14. Os Frades Pregadores 31

15. Uma Ordem de leigos 32

16. O filho da viúva 34

17. A conversão de um herege 36

18. A dona da hospedaria 37

19. O sobrinho do cardeal 39

20. Os anjos servem os frades 41

21. O dom das línguas 43

22. Domingos encontra Francisco 45

23. Missionário e peregrino 47

24. São Domingos e Nossa Senhora 49

25. Visão do Papa 51

26. O trânsito 52

27. A glória 56

28. Conclusão 58

29. Devocionário 59